A CRIAÇÃO

A ARCA DE NOÉ

TORRE DE BABEL

13

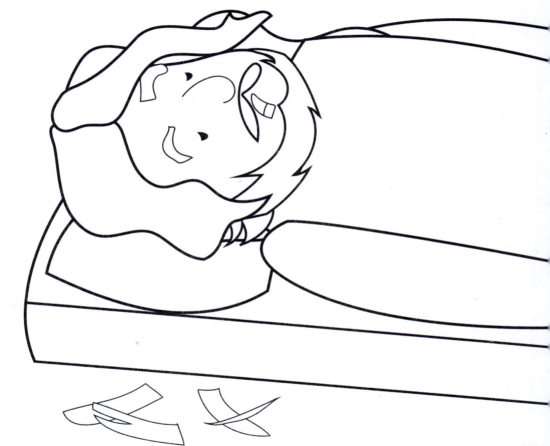

DAVI E GOLIAS

23

DANIEL NA COVA DOS LEÕES

JONAS E O GRANDE PEIXE

O NASCIMENTO DE JESUS

41

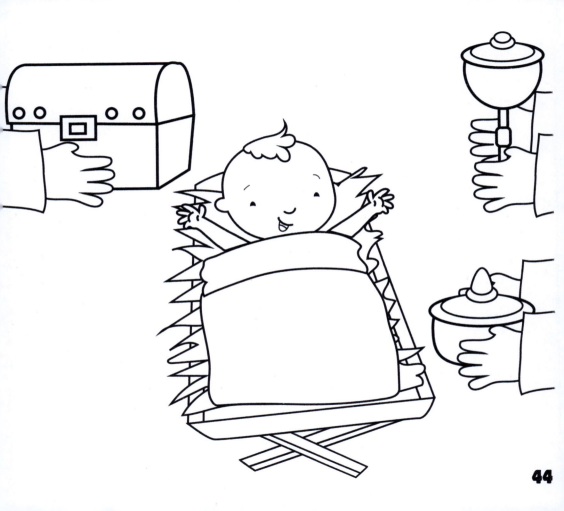

45

46

O BATISMO DE JESUS

48

A TRANSFORMAÇÃO DA ÁGUA EM VINHO

49

A PARÁBOLA DO SEMEADOR

A MULTIPLICAÇÃO DOS PÃES E DOS PEIXES

JESUS CAMINHA SOBRE AS ÁGUAS

JESUS CURA UM CEGO

JESUS ABENÇOA AS CRIANÇAS

A PARÁBOLA DO BOM SAMARITANO

JESUS VAI A JERUSALÉM

57

A ÚLTIMA CEIA

A SUBIDA DE JESUS AO CÉU